Gestión Del Tiempo

Cómo Ser Un Maestro De La Productividad

(Consejos Simples Para Aumentar La Productividad Con Menos Tiempo Y Estrés)

Carina Garza

Publicado Por Daniel Heath

© **Carina Garza**

Todos los derechos reservados

Gestión Del Tiempo: Cómo Ser Un Maestro De La Productividad (Consejos Simples Para Aumentar La Productividad Con Menos Tiempo Y Estrés*)*

ISBN 978-1-989853-98-6

Este documento está orientado a proporcionar información exacta y confiable con respecto al tema y asunto que trata. La publicación se vende con la idea de que el editor no esté obligado a prestar contabilidad, permitida oficialmente, u otros servicios cualificados. Si se necesita asesoramiento, legal o profesional, debería solicitar a una persona con experiencia en la profesión.

Desde una Declaración de Principios aceptada y aprobada tanto por un comité de la American Bar Association (el Colegio de Abogados de Estados Unidos) como por un comité de editores y asociaciones.

No se permite la reproducción, duplicado o transmisión de cualquier parte de este documento en cualquier medio electrónico o formato impreso. Se prohíbe de forma estricta la grabación de esta publicación así como tampoco se permite cualquier almacenamiento de este documento sin permiso escrito del editor. Todos los derechos reservados.

Se establece que la información que contiene este documento es veraz y coherente, ya que cualquier responsabilidad, en términos de falta de atención o de otro tipo, por el uso o abuso de cualquier política, proceso o dirección contenida en este documento será responsabilidad exclusiva y absoluta del lector receptor. Bajo ninguna circunstancia se hará responsable o culpable de forma legal al editor por cualquier reparación, daños o pérdida monetaria debido a la información aquí contenida, ya sea de forma directa o indirectamente.

Los respectivos autores son propietarios de todos los derechos de autor que no están en posesión del editor.

La información aquí contenida se ofrece únicamente con fines informativos y, como tal, es universal. La presentación de la información se realiza sin contrato ni ningún tipo de garantía.

Las marcas registradas utilizadas son sin ningún tipo de consentimiento y la publicación de la marca registrada es sin el permiso o respaldo del propietario de esta. Todas las marcas registradas y demás marcas incluidas en este libro son solo para fines de aclaración y son propiedad de los mismos propietarios, no están afiliadas a este documento.

TABLE OF CONTENTS

Parte 1 1

Introducción 2

Capítulo 1: Administración del tiempo 3

Capítulo 2: ¿Por qué administra mal su tiempo? 9

Capítulo 3: No me gustan mis tareas 12

Capítulo 4: Me distraje 21

Capítulo 5: No sé cómo comenzar 27

Capítulo 6: Algunas aplicaciones para la productividad 31

Capítulo 7: Creando un sistema 39

Capítulo 8: Trucos pequeños y grandes de Administración del Tiempo para que comience 48

Capítulo 9: El lado físico de la Administración del Tiempo 59

Conclusión 63

Parte 2 64

Acerca de este libro 65

Sección 1: 66

La Charla 66

SI NO PUEDES HACER ESTO, DA LA VUELTA INMEDIATAMENTE. 70

Número 1: 76

Escribe tu "Porque" 76

Sección 2: 82

Principios Básicos de la Administración del tiempo 101 ... 82

Priorizar para tener éxito 82

Medidas de acción 84

Prioridad 1: Satisfacer tus necesidades físicas las cuales incluyen: 88

Dormir y descansar... 88
Alimentación 91
Ejercicio Físico... 92
Tiempo de Clase... 98
Tiempo de Tarea 99
Tiempo de Trabajo y Estudio 99

Parte 1

Introducción

Quiero agradecerle y felicitarle por descargar el libro "Administración del tiempo".

Este libro contiene pasos y estrategias probados en materia de cómo administrar apropiadamente su tiempo y hacerse más productivo día con día.

Muchas personas se quejan de que no tienen suficiente tiempo en el día para hacer todo lo que necesitan hacer. Sin embargo, recuerde que tiene la misma cantidad de tiempo dada a personas como Albert Einstein, Nicholas Tesla, y J.K. Rowling. Lo que cuenta es cómo lo administra. Este libro está hecho para aquellos a quienes se les dificulta administrar las 24 horas que se les dan cada día. Para el final de este libro, debe tener una muy buena idea de cómo evitar la procrastinación y, ¡cómo lograr que cada día de su vida esté bien empleado!

Gracias de nuevo por descargar este libro, ¡espero que lo disfrute!

Capítulo 1: Administración del tiempo

¡Oh, no! ¡El documento de 10,000 palabras se debe entregar mañana y necesita un milagro para tenerlo listo a tiempo! Lamenta el hecho de que tenía todo un mes para hacerlo pero, desafortunadamente, nunca tuvo el tiempo para trabajar en él. ¿O tal vez lo tuvo, pero simplemente decidió posponerlo para otro día porque todavía faltaba mucho?

¿Suena familiar?

Si está leyendo este libro, es muy probable que haya tenido sus momentos en los que se encomienda al Altísimo antes, cuando la fecha de entrega estaba encima y se castigaba a sí mismo por no haber comenzado desde antes.

El propósito de este libro es reducir esos momentos de encomienda.

La Administración del Tiempo es la habilidad de utilizar eficientemente su tiempo. No se trata de hacer las cosas rápidamente, sino hacer uso de la mayoría de su tiempo, de forma que ni un solo minuto se desperdicie.

Es importante notar que el tiempo es un recurso finito. Solo dispone de más o menos 24 horas de cada día dado, pero las cosas que necesitan hacerse pueden a veces sentirse como que necesitan más de 24 horas por día.

La Administración del Tiempo es una forma de hacer caber esos 'pendientes' dentro de un periodo de 24 horas, de forma que cuando lo vea en conjunto, sea capaz de ver una mejora significativa en su objetivo general.

En el escenario ejemplo, la Administración del Tiempo debería practicarse escribiendo solo 333 palabras por día en un mes para tener sus 10,000 palabras. También puede ser escribir 2,500 palabras cada domingo por un mes o escribir 1,000 palabras por día durante diez días. Puede, por tanto, ser resuelto en forma gradual de forma que usted (1) pueda fácilmente incluirlo en la programación de su horario mientras (2) se asegura de que realmente lo tendrá terminado para el momento en que se necesite.

Estadísticas de la Administración del Tiempo

Las únicas buenas noticias aquí son que no está solo en la mala administración del tiempo. Los estudios muestran que el 20% de los norteamericanos se autoproclaman procrastinadores crónicos. Las personas el día de hoy gastan alrededor del 21% de su tiempo cada día haciendo NADA. Eso es básicamente cinco horas cada día. Si usted piensa que es una cantidad 'razonable' para juegos y relajación es, de hecho, demasiado. Alrededor del 46% se usa ya en dormir, higiene, comer y todas las demás necesidades cuando solo el 16% se usa en el trabajo y 17% en relaciones personales y compromisos.

El norteamericano promedio, por tanto, gasta más tiempo haciendo NADA. También pasa más tiempo haciendo nada que atendiendo sus distintos compromisos.

De acuerdo a los estudios, la procrastinación se ha cuadruplicado a lo largo de los últimos 30 años.

Los efectos de la procrastinación

La Administración del Tiempo Ineficiente (ATI) o procrastinación tiene un efecto negativo general. No crea que solo se aplica en el trabajo, ya que la procrastinación tiene un efecto dominó. Puede tener un impacto negativo en TODOS los aspectos de su vida. Por ejemplo, la gente que procrastina generalmente tiene una visión más negativa de sí misma. Tienen sentimientos más negativos, como depresión, ansiedad y baja auto-estima. Los procrastinadores también tienen peores problemas de salud que aquellos que no lo son.

Aquí presentamos cómo la procrastinación puede manifestarse en su vida diaria:

Usted puede estar más gordo que sus amigos no procrastinadores. Esto tiene sentido especialmente si su método de procrastinación es comer y tener un maratón de programas de televisión. Los estudios revelan que muchas personas procrastinan con el ejercicio. Aunque realmente desean tener un mejor cuerpo, muy pocos están dispuestos a esforzarse cuando se presenta el momento. Desafortunadamente, la subida de peso es algo que aparece gradualmente en la gente y antes de que se dé cuenta, ¡puede tener más de 25 kilos más allá de su peso meta!

También puede tener una casa más sucia. Se asume que una de las formas en que la gente procrastina es al hacer cosas 'distintas' de las que debería estar haciendo. Por tanto, están aquellos quienes tienen casas realmente limpias pero tienen papeleo vencido desde hace meses. Más comúnmente, la limpieza de la casa es uno de esos pendientes que la gente va dejando para después. Puede tornarse en una situación resbaladiza, ya que no toma nada que el fregadero de una cocina sucia explote por todo el cuarto.

Usted también puede estar saboteando sus oportunidades de avance. Ya sea en el trabajo, en las relaciones o en el aspecto financiero, la procrastinación puede hacerle perder de vista oportunidades que están en su camino. Esto es más obvio en lo que respecta al trabajo, ya que muchas compañías valoran el desempeño sobre el tiempo en la empresa. Llegar tarde constantemente y pasar requerimientos mucho después de cuando se había acordado son cosas que se notan e incluso pueden meterlo en problemas.

Parece lógico que al NO procrastinar y aprender cómo administrar apropiadamente su tiempo, pueda de hecho volverse más sexy, más limpio y más rico. Todos los demás beneficios que se derivan de ello, como tener una mejor salud mental y alta autoestima, pueden también obtenerse simplemente por saber cómo usar adecuadamente su tiempo.

Capítulo 2: ¿Por qué administra mal su tiempo?

¿Por qué las personas procrastinan en primer lugar? Hay tres razones primarias dadas por la gente cuando se les pregunta:

No les gusta lo que se supone tienen que hacer

Se distraen por otras cosas

Se sienten abrumados y no están seguros de dónde comenzar

El saber POR QUÉ está retrasando sus tareas puede ayudarle mucho en saber cómo manejar el problema. Una vez que lo haga, la siguiente pregunta sería:

¿Cómo procrastina usted?

La respuesta a esto es más extensa, ya que la gente procrastina en distintas formas. Por ejemplo, una de las formas más básicas es ver televisión o navegar por internet. Este es el método más obvio y, por tanto, el más fácil de localizar y reconocer.

El segundo método es más delicado: hacer

otras cosas cuando se supone que debería estar haciendo algo más. Esto es problemático, ya que la gente que lo hace de alguna forma se convence a sí misma que están haciendo algo 'útil' incluso cuando no es una prioridad en ese lugar y momento.

Por ejemplo, ¿se ha encontrado usted de repente reacomodando su colección de películas cuando se supone que debería estar estudiando para exámenes finales?

Claro, su colección de películas es un desastre y usted se siente orgulloso al verla bien arreglada y ordenada alfabéticamente, en el año en que fue estrenada, y en colores que concuerdan; PERO usted no ha estudiado todavía para su examen a las 8 de la mañana del día siguiente.

La habilidad para reconocer los métodos de procrastinación en usted le ayudará a aceptar el hecho de que usted (1) procrastina y que (2) necesita dejar de hacerlo a fin de que (3) comience a realizar las tareas que son realmente importantes.

Intentaremos abordar las razones más

comunes por las cuales las personas procrastinan y cómo manejar cada razón de la mejor forma posible.

Capítulo 3: No me gustan mis tareas

Si le gusta hacer algo, lo más probable es que lo hará tan pronto como tenga oportunidad. ¿Pero qué pasa si no le gusta su tarea?

La procrastinación debida a esta razón puede ser dividida consecuentemente en dos subtipos: (1) es demasiado difícil, y (2) no me pueden obligar.

Básicamente, si no le gusta su tarea, es ya sea porque la encuentra demasiado difícil o porque no le gusta que le digan lo que tiene que hacer.

Un buen ejemplo de una tarea muy laboriosa o difícil es el ejercicio. Usted sabe que se supone que debe hacerlo para una mejor salud pero no quiere sudar, resoplar y pasársela adolorido por 30 minutos cada día.

Procrastinar con el papeleo en la oficina es un ejemplo del segundo subtipo. Es esencialmente una rebelión o resentimiento del hecho de que se le indique que haga algo. El papeleo en sí mismo no tiene por qué ser duro, pero el hecho de que le hayan dado instrucciones para que lo haga puede ser suficiente para que la gente se rebele sobre todo el asunto.

Claro, algunas personas podrán tener una tercera, cuarta o incluso quinta razón para que no le 'guste' una tarea o deber, pero más seguido que no, ellos caen en una de las primeras dos categorías.

Afortunadamente, los métodos para hacer las tareas son prácticamente los mismos. Aquí hay algunos consejos acerca de cómo manejar estos tipos de procrastinación.

Enfóquese en el objetivo final

Piense en el objetivo final más que en el proceso en sí mismo. Aunque muchas de las tareas no son algo que tenga ganas de hacer, el resultado final es casi siempre deseable. Tome el ejercicio como ejemplo. Tal vez no desee subirse a la caminadora pero quiera el cuerpo que resulta de correr. La meta, entonces, debería ser lo principal en su mente y, por tanto, la figura delgada y en forma que siempre deseó.

Hacer más visuales sus objetivos es una buena técnica que adaptar. Por ejemplo, algunas mujeres ponen imágenes de los días en que eran más delgadas en el refrigerador de la cocina. Esto les ayuda a recordarles que se supone que coman menos y que se ejerciten mientras ven el cuerpo que desean.

Algunas mujeres usan imágenes de otras mujeres cuya aptitud física quieren emular. Por ejemplo, las mujeres que intentan bajar de peso colocarán una imagen de Tyra Banks en bikini en su refrigerador. Nótese que esto NO es lo mismo.

Colocar imágenes poco realistas en su refrigerador solo le causarán frustración en lugar de animarle. Eso no quiere decir que no haya esperanza para usted, sino que tal vez debería ajustar sus expectativas y metas con quién es usted como persona. Usted debería ser capaz de ver las metas como que le pertenecen a USTED y no a alguien más. De ahí que usualmente sea mejor colocar una fotografía suya en lugar de la de otra persona. La idea es que usted lo ha hecho antes y puede hacerlo de nuevo.

Claro, esto no siempre es posible, pero si tiene que colocar la imagen de alguien más, manténgase dentro de sus límites personales. Por ejemplo, si usted es una persona cuyo cuerpo tiene forma de pera, no coloque una fotografía de una esbelta modelo espigada de las Victoria's Angels en el refrigerador porque usted no tiene el mismo tipo de cuerpo en primer lugar. Por tanto, busque imágenes de cómo debería verse un cuerpo cuidado con forma de pera y coloque esa en el refrigerador.

Esto puede aplicarse a muchas situaciones si es lo suficientemente creativo. Por ejemplo, puede colocar una imagen de cómo desea que luzca su recámara limpia. En el trabajo, puede colocar una imagen de cómo desea que se vea su escritorio sin todo el papeleo. Si su meta es un ascenso o un avance en su carrera, coloque una fotografía de usted lográndolo. No hay nada como un recordatorio visual de 'por qué' está aquí que pueda ayudarle a pasar por encima de todas las tareas no placenteras y comenzar a hacer realmente las cosas.

Encuentre formas de hacerlo más fácil

Alguna vez se dijo que encontrar a una persona floja para hacer un trabajo difícil era mejor, porque la persona floja encontrará la forma de hacer el trabajo pesado más fácilmente. Por increíble que parezca, esto es realmente verdad. Lo mismo puede aplicarse a la procrastinación, ya que usted puede encontrar cómo hacer el trabajo más fácilmente.

Ahora, las posibilidades para esta técnica de Administración del Tiempo son infinitas. Usted está esencialmente buscando una herramienta que le haga más 'eficiente'. La forma más obvia de usar este consejo es hacer que alguien se encargue del trabajo más pesado. Por ejemplo, si se le está dificultando limpiar la casa, tal vez desee contratar profesionales que se encarguen de las partes realmente más difíciles de limpiar, como la cochera o el sótano.

No olvide que también estamos viviendo en un mundo inmerso en la tecnología.

Hay aplicaciones, programas y tecnología inteligente hoy que pueden ayudarle con prácticamente todo. Discutiremos el tema más a profundidad en un capítulo separado para que le ayude a decidir cuáles son las que funcionarán mejor para usted.

Aquí hay algunas formas de hacerle más fáciles las cosas:

Una buena idea que puede aplicarse a prácticamente cualquier situación es a través de un Sistema de Recompensas. Cada vez que alcance un objetivo, cómprese un poco de helado o vea una película.

Divídalo. Previamente en este libro le hemos hablado acerca de escribir un documento de 10,000 palabras en partes más pequeñas. Escribir solo unos cuantos cientos de palabras al día esencialmente le permite dividir el trabajo en partes más manejables.

Cree un sistema. De esto se hablará en otro capítulo de este libro en gran detalle. Sin embargo, debe saber que crear un sistema le permite agrupar juntas tareas comunes para que no tenga que cambiar mucho al pasar de una a otra. Se encontrará con esto en gran escala en la industria manufacturera. Una persona pinta, otra persona ensambla, una persona empaca las cosas. Usted puede aplicar el mismo principio. Un ejemplo más cercano a casa es cuando está lavando los platos. No necesita tallar, enjuagar y secar cada plato a medida que los toma. En cambio, usted los talla todos, los enjuaga todos y los seca todos como un grupo.

Tenga una herramienta de compromiso

Una herramienta de compromiso es algo que le ayuda a permanecer comprometido con el proyecto. Es esencialmente como un sistema de recompensas o castigos en donde se recompensa o castiga a sí mismo por hacer o no hacer algo.

Una herramienta de compromiso, sin embargo, es más poderosa, porque usted le asigna el poder recompensar o castigar a otra persona.

Tome, por ejemplo, la historia del chico

que siguió la dieta del Pavo Frío[1]. Usted puede encontrar sus videos en YouTube en donde él grabó los Diarios del Pavo Frío. Su meta era eliminar más de cuarenta elementos de comida de su dieta en un esfuerzo de llevar un estilo de vida más sano. Hizo esto por 30 días y si él fallaba en cualquier momento de esos 30 días, se castigaría a sí mismo enviándole a Oprah un cheque por $750 dólares.

El truco, sin embargo, era que su amigo era su hombre a cargo. Este amigo sería quien enviaría el cheque si él fallaba durante la dieta, mientras que su esposa monitorearía y reportaría todo lo que hiciera.

Esta es una Herramienta de Compromiso que funciona solo si (1) realmente no quiere ser castigado, y (2) alguien más juzgará si está procrastinando o no.

La razón para esto es que una persona puede usualmente auto-convencerse en creer sus propias mentiras. Por ejemplo, usted puede auto-convencerse de saltarse

---

[1] Cold Turkey Diet (*N. del T.*)

el ejercicio del lunes y que duplicará sus esfuerzos el martes. Al tener una Herramienta de Compromiso, sin embargo, significa que alguien más verá esa procrastinación y le castigará por ello.

Capítulo 4: Me distraje

Créalo o no, la Administración Ineficiente del Tiempo o procrastinación no es nueva. Las personas muchas veces culpan al internet por la falta de atención de una persona, pero los estudios han demostrado que la gente ha estado procrastinando por años, mucho antes del internet.

La razón por la que se distrae, por tanto, puede ser una de muchas, pero el internet definitivamente encabeza la lista al momento de que esto se escribe, con la televisión en un cerrado segundo lugar.

Aquí hay algunos consejos que explican cómo dejar de procrastinar por distracciones:

Deshágase de los distractores

Intente deshacerse de las distracciones primero. Puede ser la televisión, su perro, su cuenta de redes sociales o cualquier otra cosa que le haga dejar de hacer lo que está haciendo. Ahora, su método para deshacerse de la distracción puede variar, dependiendo de cuál es realmente la distracción. Por ejemplo, si el problema es la televisión, usted puede simplemente ir a donde ver televisión no sea posible. Una cafetería o la biblioteca son buenos lugares que le ayudarán a enfocarse.

Si usted se distrae por el internet, el mismo principio aplica. El problema, sin embargo, es: ¿y si necesita el internet a fin de llevar a cabo su trabajo? Algunas personas bloquean ciertos sitios de su computadora para que no estén tentados a mirar. También puede intentar desactivar su cuenta de Facebook o cualquier otra cuenta de redes sociales. De ser posible, tal vez pueda borrarla por completo.

Paneles de vidrio

Tener un espacio específico para trabajar también es una buena idea. Claro, esa es de hecho la razón de tener una oficina o un cubículo en su trabajo, ¿pero qué pasa si incluso así no logra hacer las cosas?

Encontrará que muchas compañías hoy usan divisiones de vidrio en lugar de oficinas. La meta es hacer fácil ver lo que hacen los empleados durante las horas de oficina. Si los empleados saben que están siendo vistos todo el tiempo, entonces será más probable que se enfoquen en el trabajo.

Usted puede aplicar el mismo principio, pero modifíquelo un poco si no tiene paneles transparentes. Por ejemplo, puede colocar un espejo en alguna parte en donde pueda verse a sí mismo trabajando. Algunas personas han notado que verse trabajar así mismas les ayuda a motivarse para trabajar un poco más.

Oficina productiva

Hay negocios en estos días que reciben a las personas que necesitan de un lugar tranquilo para hacer su trabajo. Proveen de un cubículo, una conexión a internet e incluso café para que la gente se pueda enfocar en sus tareas sin estar rodeada de ruido y otras cosas que le distraigan. Es un concepto relativamente nuevo, pero muchas ciudades lo tienen en estos días. Estas oficinas son rentadas generalmente por hora o por día. Las personas que las usan son en su mayoría estudiantes, freelancers o empleados quienes no pueden terminar nada en su lugar base de trabajo.

ESTÁ SIENDO DISTRAÍDO

Algunas personas pueden revertir el proceso de distracción al simplemente ser directos con el problema. Simplemente decirse a sí mismo que está procrastinando es suficiente para detenerlo por completo. Pero usted no debería solo susurrarlo en su cabeza: usted tiene que decirlo en voz alta: "Estoy procrastinando", y entonces mencionar por qué lo está haciendo. Al hacer esto, puede escuchar la ridiculez de su acción y hacer un esfuerzo real a fin de administrar mejor su tiempo.

Siga unaproporción de tiempo

Trabajar a partir de una proporción de tiempo es otra forma manejar el tiempo si es el tipo de persona que no puede trabajar por largos periodos. Si usted es el tipo de empleado que opera en periodos cortos (una hora) y entonces se distrae, tal vez deba tomar ventaja de este hecho.

La proporción de tiempo básicamente significa que se va a asignar horas de trabajo por periodo de descanso. Por ejemplo, está en un radio de 1:10. Esto significa que trabajará sin interrupciones por una hora y entonces se dará diez minutos para descansar antes de meterse de lleno nuevamente en el trabajo. A esto se le llama la Técnica Pomodoro y fue desarrollada por Francesco Cirillo durante los 1980s.

El propósito de esto es ponerle un límite de tiempo a su procrastinación de forma que pueda manejar mejor su tiempo. Muchas veces, no tiene caso obligarse a sí mismo a extender la cantidad de tiempo en la que puede enfocarse en el trabajo en una sentada. Sin embargo, puede limitar la cantidad de tiempo que pase haciendo nada. Más veces que no, las personas que tienen cortos periodos de trabajo pasarán más tiempo procrastinando después. Al señalar un límite, al menos puede decirse a sí mismo que no ha procrastinado demasiado.

Usar música

La música es una de las mejores formas de mantener su enfoque cuando haga algo cerebral. Si usted se encuentra escribiendo un documento, haciendo papeleo o leyendo un reporte vencido, debería escuchar música sin palabras. Algo de Chopin o Beethoven debería hacer maravillas. Se ha probado también que los ritmos binaurales ayudan a afinar la mente y la memoria. Si se encuentra trabajando con sus manos, sin embargo, como limpiando la casa, la música moderna sería la mejor. Opte por canciones con las que pueda cantar porque esto, de alguna forma, hace que las labores que no nos gustan parezcan más fáciles.

Capítulo 5: No sé cómo comenzar

No saber cómo comenzar es también una razón viable para la procrastinación. Esencialmente la gente está demasiado abrumada acerca de lo que se supone que hagan, que terminan haciendo nada. Por ejemplo, necesita limpiar la casa, pero lo ha dejado pasar tanto que ahora la suciedad es increíble. Si este es el caso, es muy probable que usted no haga nada para limpiar el lugar.

En algunas instancias, la gente no sabe cómo comenzar porque no tienen experiencia haciéndolo. Esto es cierto en cuanto a tareas, documentos o cualquier otra labor que usted sienta nueva.

Si la tarea parece sobrepasarlo y es por eso que está procrastinando, aquí hay algunos consejos en cómo manejar el problema:

Estúdielo primero

Esto parece muy obvio, pero muy pocas personas toman esta opción. Le sorprendería cuán útil es el internet en proveer ayuda adicional ayudando con cosas nuevas. Usted puede encontrar sitios que ofrecen instrucciones con todo e imágenes para que pueda copiar exactamente lo que están haciendo. También encontrará algunos videos instructivos en YouTube que pueden ayudar. Tiene su recompensa el comenzar a guardar esos artículos y videos online de forma que si usted solo está flojeando en la cama, puede consultar su teléfono y comenzar a leer. De esta forma, todavía estará contribuyendo al cumplimiento de sus tareas, incluso si no está exactamente haciéndolo todavía.

Lo maravilloso de estar viendo esos videos y artículos instructivos es que le hará querer intentarlos. Algunas veces, ver cómo va el proceso y anticipar un resultado es suficiente para ayudarle a manejar mejor su tiempo.

Divídalo

Ya se ha discutido en un capítulo anterior. Si usted cree que el trabajo es demasiado, solo divídalo en partes más pequeñas de forma que pueda dejar de sentirse agobiado. Por ejemplo, si la casa tiene un desastre en cada cuarto, ¿por qué no intentar limpiar un cuarto a la vez? De esta forma, usted no se tendrá que preocupar por el resto de la casa, sino solo enfocarse en solo una parte de ella. Una vez que termine, podrá dejar de preocuparse de otro cuarto y así hasta que haya acabado con todo.

Comience con las cosas que le gustan

Digamos que se le han apilado las tareas. La ropa sucia necesita lavarse, el fregadero está invadido de platos sucios y el piso tiene montones de pelo de perro cortesía de su Husky Siberiano. Podría sentirse agobiado e inseguro de dónde comenzar, pero se da cuenta de que tiene que comenzar por alguna parte.

Si lo hace, ¿por qué no comenzar en un lugar que de hecho le guste? Claro, a muchas personas no les gusta realizar tareas, pero hay ciertas actividades de limpieza que algunas personas disfrutan hacer en comparación con otras. Podría gustarle lavar los platos, o tal vez es el tipo de persona a la que le gusta planchar la ropa. No importa qué es, comience su agobiante tarea con eso y proceda desde ahí. En lo que se refiere al trabajo de la casa, encontrará que puede funcionar como una avalancha: una vez que haga algo con éxito, se volverá más fácil hacer todo lo demás.

Capítulo 6: Algunas aplicaciones para la productividad

Bienvenido al futuro, donde su teléfono puede de hecho ayudarle a volverse más productivo. Usted se sorprendería de la cantidad de aplicaciones que en estos días proveen para las personas que desean manejar mejor su tiempo. Aquí hay algunas aplicaciones que puede usar completamente gratis:

Focus Booster

El Focus Booster hace uso de la Técnica Pomodoro fundamentada en el capítulo anterior. Funciona como un temporizador con más funciones, permitiéndole manejar su tiempo en pequeños periodos mientras evita distractores potenciales. Lo maravilloso de esta aplicación es que registra las sesiones y las presenta en una hoja de cálculo muy completa que le permite analizar su tiempo. Junto con esto, puede obtener sugerencias de cómo usarlo mejor.

Rescue Time

Desafortunadamente, Rescue Time no es gratuita. Por el lado positivo, es definitivamente una buena aplicación que tiene más funciones de las que podríamos hablar. Esta es la aplicación perfecta para las personas que trabajan más online o a través de una computadora, sea esta una PC, Linux, Mac o Android. Rescue Time esencialmente rastrea la actividad en su computadora y le presenta una carta que le muestra cuánto tiempo se gastó en sitios web.

Esto le permite saber qué sitios web pueden considerarse pérdidas de tiempo. Más importante es que echa una mirada a lo que realmente está haciendo con su tiempo, de forma que pueda manejarlo mejor.

Any.Do

Una aplicación muy completa, Any.Do es ideal para las personas que trabajan seguido con otras en un grupo. Esto es porque la ventaja principal de Any.Do es compartir la lista de pendientes con otras personas que están trabajando en el mismo proyecto.

Además de eso, Any.Do tiene las características más básicas de cualquier aplicación de administración del tiempo. Esto incluye listas de compras, listas de pendientes, recordatorios y eventos. También puede sincronizar la aplicación con otros dispositivos.

Toggl

Toggl funciona principalmente como un rastreador de tiempo. Lo que usted hace es encenderla y apagarla cuando esté realizando una tarea y solo la etiqueta para uso o referencia futura. Incluso puede organizar etiquetas de tiempo y para aquellos a los que se les paga por hora, puede usarla para rastrear tiempo facturable. Es actualmente una de las aplicaciones que más usan aquellos que trabajan en forma remota. Las hojas de tiempo pueden ser enviadas, exportadas, impresas y revisadas.

Calendarios virtuales

Los calendarios electrónicos son mucho más eficientes, permitiéndole crear una lista de tareas y enviarle un recordatorio antes del momento crucial. Esto es exactamente lo que la aplicación puede hacer, incluyendo sincronizar datos, priorizar tareas e incluso adjuntar el Google Maps a sus tareas.

Remember the Milk

Una aplicación para recordar, Remember the Milk le permite organizar y administrar su tiempo a través de varios dispositivos. Trabaja en computadoras y teléfonos móviles, y puede conectarse con Twitter, Google Calendar y Gmail. Puede también separar listas de tareas dependiendo de su prioridad o si son para la casa, el trabajo o incluso la escuela.

Time Doctor

Otra para equipos, esta aplicación le ayuda a rastrear su tiempo, provee recordatorios, tiene herramienta de reporte, y se integra con otras redes computacionales. Tiene el beneficio adicional de monitorear sesiones a través de capturas de pantalla; por lo tanto, le permitirá saber si sus empleados realmente están trabajando. Desafortunadamente, esta aplicación no es gratuita.

Google Calendar

Algo gratis de Google, este Calendario le presenta una lista de tareas con un tiempo estimado de inicio y final. Puede agregar o eliminar tareas a medida que las recibe o las cumple. Puede agregar nuevas tareas, hacer citas y bloquear tiempo para ciertas actividades. Lo maravilloso de Google Calendar es que es ubicuo, de forma que puede ponerlo en su teléfono, su tablet y su laptop. Si llega a perder su dispositivo, siempre puede recuperar su cuenta desde Google, de forma que nada estaría realmente perdido.

Todoist

Otra aplicación de administración del tiempo que trabaja tanto para usuarios únicos como para un trabajo en equipo, el Todoist le permite organizar tareas, fijar fechas de entrega, y recordarle a usted de todo lo que necesita hacerse. Le ayuda a rastrear los proyectos urgentes y colabora con otras personas en su equipo. Está disponible en muchos lenguajes y puede sincronizarse con todos sus dispositivos.

Focus @ Will

Esta aplicación usa el poder de la música y la neurociencia en mejorar la productividad. La aplicación esencialmente provee una continua liberación de música que se ha demostrado ayuda con la actividad cerebral. Obviamente, fue hecha para ser usada para actividades como tratar con el papeleo o cuando intenta escribir un documento. Para tareas domésticas como limpiar la casa, sin embargo, no será tan efectiva. NO está disponible en forma gratuita, así que debe tenerlo en cuenta.

Atracker

Este rastreador de tiempo personal le permite saber todo lo que hace a lo largo del día a través de un amplio reporte. Puede personalizar las opciones del rastreador, agregar más tareas y revisar las que ya están terminadas.

Evernote

Evernote es una de las aplicaciones de administración del tiempo más populares ahora en el mercado. Puede usarla para organizar, sincronizar, editar y almacenar sus tareas de forma que pueda tener acceso a ellas en cualquier parte. Funciona principalmente como una nota de post-it que puede ver desde cualquier dispositivo.

If This Then That (IFTT)

Otro producto único de administración del tiempo, hace uso de un precepto lógico básico en el que una acción le conduce a usted a hacer otra. Este es el mismo principio usado en la "Rutina del Ritmo" que se discutió en un capítulo previo. La aplicación, sin embargo, usa el término 'receta' y ofrece un portador de recetas predeterminadas y personalizables. Por ejemplo, SI usted está en la oficina, ENTONCES pondrá el teléfono en modo silencioso. SI es viernes, ENTONCES llevará su ropa sucia a la lavandería. También viene con una lista de cosas por hacer que trabaja con GPS y Maps. Por tanto, si va a cierto lugar y su lista de cosas por hacer tiene algo que debería hacerse ahí, le alertará para que realice esa tarea.

Claro, estas son solo unas pocas de las aplicaciones de Administración del Tiempo que puede encontrar en Google Play en estos días. Mientras que por algunas de ellas se debe pagar, hay muchas más disponibles gratuitamente con una actualización simple por la que debe pagar si quiere. ¡Intente revisar cualquiera de esas para que le ayuden con sus tareas diarias!

Capítulo 7: Creando un sistema

Eliminar la procrastinación es solo una parte de la Administración del Tiempo. El siguiente paso es dividir su tiempo en secciones y asignar actividades productivas a cada una que contribuirán a una meta común. El problema con la mayoría de la gente es que saben lo que se supone deban hacer PERO no saben exactamente cómo acomodarlo en su día.

¿Deberían lavar los trastes primero, o lavar la ropa?

¿Debería escribir mi artículo para Economía primero o comenzar con el artículo de profundidad sobre los Derechos Humanos?

Crear un sistema, esencialmente, le permite diseñar un orden de prioridades, de forma que usted sabrá exactamente qué puede y debe ser hecho primero. Aquí hay una guía que debería ayudarle:

Rutinario y no rutinario

Primero lo primero: es importante

diferenciar entre lo rutinario y lo que no lo es. Lo rutinario es el tipo de actividades que realiza diariamente, semanalmente, mensualmente o básicamente todo lo que se repite después de cierto paso del tiempo. Ejemplos perfectos de ello son la limpieza de la casa, terminar su papeleo, hacer su declaración de impuestos o incluso ejercitarse. Es importante notar cuáles son rutinarios, de forma que pueda acomodarlos fácilmente en su horario y volverlos parte de un ritmo o una serie de tareas, en lugar de solo una tarea.

Crear su Rutina del Ritmo

Esto esencialmente representa a una serie de tareas que realiza permanentemente juntas como parte de su rutina diaria. Piense en cómo las notas se reúnen en una pieza musical de forma que suenan increíblemente bien cuando se tocan juntas. Su Rutina del Ritmo sigue la misma analogía, que es el formar hábitos al realizar las mismas tareas todos los días en el mismo orden.

Aquí está un ejemplo:

Usted despierta en la mañana, estira sus

piernas y abre las cortinas para dejar entrar la luz.

Tiende la cama.

Hace café y mientras está listo, prepara el desayuno.

Come el desayuno e inmediatamente lava el fregadero.

Mientras está ahí, pasa un trapo por la mesa y los mostradores de la cocina.

Cepilla sus dientes.

Limpia la casa.

Toma un baño y se prepara para trabajar.

Usted probablemente está pensando: ¡esto es algo que hago todos los días! Bueno, claro, y probablemente ha perfeccionado el patrón para convertirlo en una forma de arte. La rutina es tan familiar para usted que probablemente no hace café hasta que no haya tendido la cama. O tal vez no se cepilla los dientes hasta que haya limpiado el fregadero, el mostrador y la mesa de la cocina.

Estos son pequeños hábitos que forman un patrón. Y tendemos a ignorarlo porque es demasiado familiar para nosotros. Lo que no nota, sin embargo, es que al tomar esas actividades como parte de un 'paquete' en lugar de verlas como labores individuales, hay poca probabilidad de que se salte una. Si está tan acostumbrado a limpiar la casa antes de salir a trabajar, entonces se asegurará de dejarla limpia antes de salir por esa puerta.

Esto es lo que nosotros llamamos "ritmo". Si usted desea añadir un nuevo hábito o actividad que tienda a retrasar o procrastinar, hay más oportunidad de que la haga si la coloca en medio del Ritmo. Por ejemplo, puede hacer ejercicio entre tender la cama y hacer café. Al agregar esta actividad a su Ritmo, estará compelido a realizar la tarea; de otra forma no "avanzará" a la siguiente parte de la rutina.

Obviamente, hay algunos inconvenientes para esta aproximación, comenzando con una descarada indiferencia al orden. Incluso con una rutina establecida firmemente en su mente, usted todavía puede convencerse de no hacer ejercicio e ir directo a lo que se supone que haga después. Esta es la razón para...

El reto de los 30 días

Usted debe retarse en hacer la actividad odiada durante 30 días seguidos. Si se salta uno, debe comenzar desde el principio. ¿Por qué 30 días? Los estudios muestran que si usted logra mantenerse dentro de un hábito por 30 días seguidos, hay una muy buena oportunidad de que ese hábito se convierta en uno permanente.

Logística

La Rutina del Ritmo es mucho más efectiva si aplica logística a la ecuación. Esencialmente significa poner junta una secuencia de eventos de tal forma que sea más fácil para usted hacerlos. Por ejemplo, su Rutina del Ritmo es primero hacer el desayuno, seguido de tender la cama y entonces tomar café para finalmente bañarse para ir a trabajar.

La lógica del Ritmo está mal, porque está haciendo más difíciles las cosas para usted. Si ya se encuentra en su cuarto, ¿por qué no tender la cama y ENTONCES prepara el desayuno? Simplemente, debe haber una progresión natural en su Ritmo para que la primera tarea y la segunda tengan la menor distancia entre ellas.

Hacer la Técnica de la X

Use el calendario para hacer el reto de los 30 días más emocionante para usted. Ponga una X en cada día en que haya logrado completar con éxito su ritmo sin saltarse nada. Use un marcador rojo brillante y ponga una X realmente grande para que ocupe toda la caja. Le sorprenderá cómo este pequeño detalle puede hacer un cambio en su motivación. Muchas personas se apegan a su rutina ideal simplemente porque no quieren romper la cadena de marcas de X rojas en su calendario. De alguna forma, es un recordatorio muy visual de una meta que puede disuadirle de administrar mal su tiempo con la procrastinación.

¿Y qué tal las cosas no rutinarias?

En cuanto a las tareas no rutinarias, se debe tomar un camino diferente. Estas son esencialmente esas cosas que solo tiene que hacer una vez o muy de vez en cuando. Son importantes y a veces urgentes, pero no son parte de su existencia diaria. Un buen ejemplo puede ser escribir un reporte para la escuela o terminar algo de papeleo en la oficina.

Mostrar y fijar

Para las cosas no rutinarias, la técnica más básica es "mostrar y fijar". Todo lo que necesita es un bloque de post-its y un tablero de corcho o incluso solo una pared limpia a la que mire seguido. Mucha gente hace esto, pero muchas veces es poco efectivo porque no lo usan bien. Por ejemplo, no solo escriba lo que se supone que deba hacer. En cambio, también escriba CUÁNDO se supone que lo haga y tal vez agregue una pequeña cara sonriente al final para darle esa pequeña carga de motivación. Por ejemplo: Recoger la ropa de la tintorería, noviembre 27, domingo.

Al darle una fecha, se fija un límite que se vuelve real para usted. Ahora puede cuantificarlo, de forma que puede incluirlo fácilmente en su horario para ese día en particular.

Ordene por prioridades

En cuanto a las actividades no rutinarias, es una buena idea ordenarlas por prioridades. ¿Es mejor estudiar primero para su examen o debería terminar primero ese artículo antes de estudiar? ¿Debería lavar primero el baño o comenzar primero con la recámara?

Ordenar por prioridades depende principalmente de cuándo necesita tener hecho el trabajo y las repercusiones si no lo tiene listo para ese momento en particular. Por ejemplo, necesita escribir un artículo el jueves, pero también necesita pagar sus cuentas de servicios el mismo día. Si no escribe su artículo, puede perder la materia. Sin embargo, si no paga sus servicios, tendrá que pagar una cantidad adicional por multas.

Termina siendo un análisis de costo-beneficio el que le permita decidir cuáles riesgos vale la pena tomar y cuáles no. Hay técnicas actualmente que le enseñan cómo abordar las tareas que serán discutidas más adelante.

Asignar fecha límite

Se ha dicho que una meta sin una fecha límite es solo un sueño, y esto puede aplicarse a la Administración del Tiempo también. Usted puede decirse a sí mismo que necesita terminar su artículo de Economía, pero a menos que le ponga una fecha límite a ese artículo, nunca va a comenzar a poner las palabras sobre el papel. Por eso es una buena idea cuantificar sus metas. ¿Cuántas horas necesita para que algo se realice? ¿Cuándo comenzará y cuándo terminará? ¿Cuándo estará listo el artículo?

Capítulo 8: Trucos pequeños y grandes de Administración del Tiempo para que comience

La Administración del Tiempo es algo que prácticamente cualquier persona en el mundo encuentra problemática, y esto es por lo que varios expertos han hecho lo mejor para crear sistemas que resolverán el problema. Aquí hay 'técnicas' que son bastante populares hoy y que han sido postuladas por intelectuales notorios.

La Técnica Pomodoro

La hemos mencionado en un capítulo previo, pero la Técnica Pomodoro es de hecho un poco más estricta cuando la desarrolló Francesco Cirillo. De acuerdo a esta técnica, hay un cierto monto de tiempo en el que debe trabajar, en oposición al que debe descansar. Por tanto, no tiene que seguir proporciones de 60:15 en donde usted trabaje una hora y descanse por quince minutos por cada hora trabajada inmediatamente después. En cambio, la Técnica Pomodoro requiere solo de 25 minutos. Aquí están las instrucciones típicas:

Decida qué trabajo desea realizar.

Ponga el temporizador a 25 minutos

Trabaje hasta que escuche el temporizador

Cuando el temporizador suene, tómese un descanso de 5 minutos

Ponga el temporizador de nuevo a 25 minutos y comience a trabajar

Una vez que haga cuatro sesiones de 25 minutos (un total de una hora), puede tener un descanso de media hora.

El Método Eisenhower

Se ha dicho que este método fue usado por el presidente de los E.E.U.U. Eisenhower mismo y parte de la cita: "Tengo dos tipos de problemas: los urgentes y los importantes. Los urgentes no son importantes, y los importantes nunca son urgentes".

Así que básicamente, usted tiene cuatro cajas etiquetadas:

Urgente e importante

No urgente e importante

No urgente y no importante

Urgente y no importante

Usted entonces procede a colocar tareas basándose en esas clasificaciones. Una vez que lo haya hecho, tendría una visión más clara de sus prioridades. Por tanto, las tareas Urgentes/Importantes son las que primero se colocan en la fila, seguida por las tareas Urgentes/No importantes.

Sistema de Compañero

Un sistema de compañero funciona bastante parecido alaherramienta de compromiso, en donde tiene la ayuda de otra persona para asegurarse de que sigue al pie de la letra su lista de pendientes. En el Sistema de Compañeros, sin embargo, la función trabaja en ambos sentidos. Usted le recuerda a un compañero lo que se supone que debe hacer y ese amigo le recuerda a usted lo que se supone que deba hacer. Es como un Sistema de Amigos en la pérdida de peso. La ventaja de esto es que tiene un incentivo externo para terminar tareas. La desventaja es que realmente no funciona para todo. Puede usar el Sistema de Compañero para perder peso, pero no lo puede usar para lavar los trastes; al menos, no con tanta eficiencia.

Hágalo entretenido

Las listas de pendientes y mantener un horario puede ser muy aburrido, incluso si está usando tecnología para hacerlo. Esto es porque depende de usted agregar un poco de diversión a la actividad. Por ejemplo, si le gusta usar notas post-it para administrar sus tareas, puede intentar usar un código de colores. Por ejemplo: rojo para urgente, azul para importante y verde para actividades que puede dejar pasar por un tiempo. Incluso puede combinar el código de colores con el Método Eisenhower al asignar un color diferente a cada cuadrante. ¡Piense en formas de tener más diversión mientras administra adecuadamente su tiempo!

Hacer las cosas (Getting Things Done)

Creada por David Allen, esta técnica se acorta con las siglas GTD y esacorde con dividir las tareas en secciones tolerables. El objetivo de GTD es evitar la sobrecarga de información o, esencialmente, la sensación de sentirse 'abrumado', asunto que se discutió en el capítulo anterior. El sistema GTD es más preciso, sin embargo, en que requiere que termine todas las pequeñas tareas primero. Una vez hecho esto, puede tomar la gran tarea y dividirla en nuevas tareas pequeñas hasta que se haya completado.

No se sobrecargue

En primer lugar, no debería permitirse el estar sobrecargado. Esto es en referencia a las tareas que puede, de hecho, evitar. Por ejemplo, un amigo le pide que le haga un favor y usted simplemente no puede incluirlo en su horario. Aprenda a decir a su amigo "No", de forma que su ya bastante complicado tiempo no se complique aún más. Note que nos estamos refiriendo a tareas que usted puede EVITAR POR COMPLETO en vez de las que simplemente vaya a dejar para después.

Use los fines de semana

Muchas personas se encuentran rezagadas en su trabajo porque tienen la idea de que los días de entre semana son para la oficina y los fines de semana son para relajarse. Aunque no debe dejar de permitirse un poco de relajación, también debe tomar en cuenta que los sábados y los domingos suman 48 horas. ¿Qué tanto es una o dos horas en esos días para acomodar un poco de trabajo? Encontrará que esas pocas horas podrían hacer un gran cambio en cómo encara su trabajo los lunes, en oposición a no hacer nada en absoluto.

Método POSEC

Otra técnica maravillosa, el Método POSEC está ganando lentamente la atención en varios círculos. Es una aproximación más comprensiva y sus siglas indican "Priorizar al organizar, optimizar, economizar y contribuir"[2].

Aquí se desglosa:

Priorizar (*Prioritizing*): Esto significa definir las cosas que tiene que hacer o deben ser una prioridad en su vida. En este punto, usted define sus objetivos en la vida, de forma que sabrá exactamente lo que cada día aportará a ellos.

---
[2] Prioritizing by Organizing, Streamlining, Economizing, and Contributing (N. del T.)

Organizar (*Organize*): Ordenar las tareas que se supone debe lograr regularmente. Al mismo tiempo, querrá crear una lista en orden de prioridad descendente desde la más importante hasta la menos importante. En este punto, usted debe también organizar, dependiendo de si son prioridades en el trabajo, en la vida o en la familia.

Optimizar (*Streamline*): Esto se refiere a las actividades que usted no desea hacer pero que tiene que hacer como parte de la vida diaria. Las más obvias serían las tareas del hogar, ejercitarse e incluso ciertos tipos de trabajo.

Economice (*Economize*): Estas son las cosas que hace que no son urgentes. Usted puede hacerlas hoy o la próxima semana, realmente no importa, porque la fecha no tiene un impacto significativo en su vida.

Contribuya (*Contribute*): Este es el punto en donde pone atención a las cosas que hacen una diferencia en su vida. Puede ser la familia, los amigos, la caridad y otras obligaciones sociales.

Basados en la teoría de Maslow en cuanto

a la Jerarquía de las Necesidades, el Método POSEC no es una aproximación día a día de la Administración del Tiempo, sino más bien una aproximación general hacia la vida. Está diseñado para ayudarle a alcanzar metas a largo plazo al crear un sistema que contribuya a esa meta final.

Haga algo con los descansos

Hay muchos descansos en la vida de una persona, aunque usted probablemente no los reconocería. Por ejemplo, podría pasar cinco minutos haciendo fila en la tienda de abarrotes, diez minutos en el banco, cinco minutos en la gasolinera y otros treinta minutos en el camión. Sume todos esos descansos y estará perdiendo muchas horas siendo improductivo. En cambio, siempre lleve algo con usted que pueda contribuir a la finalización de una tarea. ¿Necesita escribir un artículo? Lleve su Smartphone con usted y comience a leer el material fuente sobre ese artículo mientras espera al doctor.

Esté consciente de su tiempo desperdiciado

Le sorprendería cuánto tiempo desperdicia

con lo no esencial. Puede no darse cuenta todavía de ello, pero el tiempo que pasa echándole un ojo a Facebook, Twitter y varios otros sitios de internet suman mucho. Afortunadamente hay aplicaciones en estos días que le ayudarán a cuantificar el tiempo desperdiciado en esos sitios de redes sociales. Al usar estas aplicaciones, se abrirán sus ojos y, esperamos, le motivarán para cambiar su procrastinación.

Seguimiento – la preocupación más importante

La parte más difícil de la Administración del Tiempo es el seguimiento. Esta es usualmente la parte en la que las personas fallan, porque aunque tienen todo enlistado, preparado y determinado, no siguen exactamente sus propios planes. ¿Cuándo fue la última vez que de hecho salió de la cama cuando sonó su alarma en vez de oprimir el botón Snooze?

Las reglas auto-impuestas rara vez se siguen, por lo que es una buena idea que haya alguien más que actúe como su "verificador". Esto es, esencialmente alguien que le presionará para que siga con la tarea a la que usted se haya comprometido.

Claro, no todos tienen la fortuna de tener a alguien que actúe como un verificador para ellos. En estos casos, solo tiene que ser suficientemente hombrecito para de hecho se presione a realizar lo ha planeado por sí mismo. También puede arreglar un esquema de incentivos (el sistema de recompensas y castigos) que le ayude, aunque no es tan efectivo, pero por lo menos hará que comience.

Es diferente para todos

Todo se reduce a esto: Los sistemas de Administración del Tiempo que le funcionan puede que no funcionen para otras personas, y viceversa. Mientras que otros podrían responder bien a las aplicaciones para la Administración del Tiempo, puede que usted se encuentre trabajando mejor con los viejos y amados pluma y papel. Las opciones, por tanto, son infinitas y su primera meta es NO RENDIRSE mientras encuentra un método que vaya mejor con su personalidad.

Una vez que haya encontrado el método que le funcione mejor, el resto debe volverse más fácil.

Capítulo 9: El lado físico de la Administración del Tiempo

Este capítulo va a abordar un aspecto obvio, aunque con frecuencia desatendido de la Administración del Tiempo: su salud física.

En las primeras partes del libro, hablamos acerca de las razones para la procrastinación, pero faltó incluir una de las razones más dadas por la gente: la pereza.

La pereza, sin embargo, es una razón muy vaga. La pereza es una palabra poco clara que usan las personas para procrastinar. Más veces que no, hay una razón subyacente de POR QUÉ las personas son perezosas. La discusión en los primeros capítulos podrían ser las condiciones subyacentes para la procrastinación que equivocadamente denominamos como pereza.

La verdadera pereza y cómo detenerla

¿Cómo están sus niveles de energía?

La gente que es genuinamente perezosa y no procrastina simplemente debido a las razones que se discutieron en los capítulos previos muchas veces tiene bajos niveles de energía. Puesto en forma sencilla, no tiene la energía para hacer las cosas en su lista de tareas.

Afortunadamente, estimular su nivel de energía es fácil si está dispuesto a invertir en ello. En su mayor parte, la baja energía se atribuye a la mala salud y a malas decisiones en el estilo de vida. Es muy probable que duerma demasiado o muy poco. Tal vez beba mucho alcohol, coma demasiado o no coma nada. Esas son todas razones viables de por qué carece de energía para realizar sus tareas a lo largo del día.

Mejorando su energía

Entonces, ¿cómo mejorar su energía de forma que pueda tener el vigor para todas esas cosas que están en su lista de pendientes? Aquí hay algunos consejos que puede seguir:

Asegúrese de que duerme por lo menos ocho horas cada día. Este es su tiempo para recargar y no algo a lo que pueda renunciar fácilmente o intercambiarlo por algo distinto sin una justificación adecuada. Si sabe que va a tener un día ocupado mañana, opte por tener un tiempo de recarga en lugar de pasarlo viendo televisión. Si está usando parte del tiempo en que debería estar durmiendo para trabajar o algo importante y urgente, sin embargo, entonces la pérdida de sueño debe valerlo.

Coma apropiadamente, esto es, en las cantidades correctas, a la hora correcta y las opciones correctas de comida. Para este momento de su vida debería saber que el desayuno es la comida más importante del día, que su comida debe componerse principalmente de vegetales, seguido por proteína y que debe beber al menos ocho vasos de agua cada día.

Estírese y ejercítese, especialmente en las mañanas. Es una buena idea añadir esto a su Rutina de Ritmo o Receta para que pueda volverse fácilmente un hábito. La mayoría de las personas creen que ejercitarse es principalmente para bajar de peso, pero no es el caso en forma alguna. Ejercitarse le ayuda a estimular el ritmo cardíaco, de forma que la sangre se calienta y se distribuye a todas las partes del cuerpo. Una vez que lo haga, notará que todos sus órganos y extremidades habrán despertado, lo que hará que se vuelva más energético y dispuesto para el día que le espera. Le sorprenderá cuánto más efectivo es comparado con el café.

Conclusión

¡Gracias de nuevo por descargar este libro!

Espero que este libro sea capaz de ayudarle a comprender la importancia de la Administración del Tiempo y cómo disminuir e incluso totalmente eliminar la procrastinación.

Finalmente, si disfrutó este libro, entonces me gustaría pedirle un favor: ¿sería tan amable como para dejar una reseña en Amazon? ¡Lo apreciaría enormemente!

¡Gracias y buena suerte!

Parte 2

Acerca de este libro

Entrar a la universidad no es algo fácil.

La universidad no es siempre fácil, especialmente si no cuentas de antemano con herramientas prácticas para tener éxito. No, no nos referimos a ese gran curso AP (Asignación Avanzada, en español) de historia que pasaste, tampoco al SAT, al ACT ni a ningún otro examen.

¿Qué pasa cuando no tienes a nadie a quien rendirle cuentas? ¿Cuándo no hay una campana que respetar? ¿Cuándo nadie revisa tus calificaciones? ¿Cuándo hay preocupaciones de la vida real y torneos de videojuegos en el campus? ¿Y cuándo sabes que debes estudiar pero todo el mundo quiere ver Netflix?

Estas pueden ser situaciones difíciles; situaciones que veo ocurrir una y otra vez. Justo después de graduarme de la universidad, empecé a trabajar inmediatamente en la educación superior, siempre relacionado al campo del liderazgo estudiantil. He trabajado con estudiantes entre los 17 y 24 años en universidades liberales de artes y con estudiantes atípicos que caen en la categoría entre los 25 y los 80 años de edad.

Al trabajar con esta variedad de estudiantes, aprendí que a pesar de su edad y otras responsabilidades, la verdad recurrente es que aquellos que gestionan bien su tiempo son más exitosos. Además, tienden a estresarse menos, a ser más aterrizados y felices.

Este libro te ayudará, o bien a la persona a la que tratas de dar consejo, a entender elementos fundamentales que harán la vida universitaria mucho más fácil. Este libro se divide en tres secciones principales.

Sección 1:

La Charla

Vamos a tener una conversación honesta que podría ahorrarte tiempo y energía.

Sección 2: Introducción a la Gestión del Tiempo

Si sólo tratas de acabar con esto, el "cómo se hace" empieza aquí.

Sección 3: El Meollo del Asunto

Es cómo vamos a convertirte en una superestrella.

Debes saber que voy a ser brutalmente honesto, debes saber que te ayudaré a que abras las puertas de tu propio éxito.

¿Estás listo?

La Universidad es como la pubertad. La gente te cuenta lo que puede pero también olvida mencionar que ciertas cosas se pondrán muy peludas. Es duro, pero cierto.

Y ciertamente te podrías encontrar en algunas situaciones peludas, sudadas e irritantes si no te afeitas. Puedes considerar este libro como tu navaja y crema de afeitar.

Llévalo contigo a todas partes porque ¡en la universidad es muy fácil que te atrapen desprevenido!

La mayoría de las personas son atrapadas porque aprenden que pueden hacer y decir cualquier cosa que les de la regalada gana. Incluso pueden decir palabrotas. Así es, palabrotas. Ahora di algunas tú. Eso va a quedar entre nosotros.

¿Te gusto, cierto?

Bien, si no mejoras tu Gestión del Tiempo y Priorización, vas a decir muchas palabrotas. ¿Qué no, dices? Bueno, se dicen "algunas" palabrotas cuando te das cuenta de que no te preparaste en todo el semestre para el proyecto de investigación y que quedan dos días para la presentación. Así es, yo también pasé por eso.

Se dicen palabrotas al quedarse despierto toda la noche sin comida en el sótano de alguna biblioteca tratando de encontrar un lugarcito donde estar solo para descansar 15 minutos antes de continuar despierto por otras tres horas.

Se dicen palabrotas el día que te das cuenta de que deberías haber tenido una gran experiencia en la universidad pero no lo hiciste porque no tenías tus prioridades organizadas y así desperdiciaste una experiencia única en la vida.

Diablos, sí que es peludo graduarse con una baja nota promedio de la universidad. ¿Cómo vas a entrar a un posgrado?

Estas cosas, estas cosas son situaciones peludas.

Pero eso no te va a pasar a ti. Cuando se trata de administración del tiempo y de priorización vas a estar a punto. A punto como las cejas de Beyonce. A punto como la barba de Flo-Rida.

Sí, vas a estar más suave que el trasero de un bebé, así que aclaremos las cosas.

Lo primero es mantenerse alejado de las situaciones peludas: nada de lo que pueda decirte va a funcionar excepto que… demonios… las pongas en práctica.

Lo segundo es mantener tu trasero lejos de situaciones peludas: ¡nada de lo que te diga va a funcionar a menos que te apropies de estos consejos! Todo el mundo es diferente.

Aquí debería ir al número tres pero es más importante que el número uno así que ahora es el número cero:

Debes elegir hacer esto. Y no me refiero a aplicar los conceptos y técnicas descritas en el libro. No, no, no.

El mayor obstáculo para alguien es la habilidad de mantener la disciplina al perseguir su objetivo y adaptarse y cambiar hasta conseguir ese objetivo.

SI NO PUEDES HACER ESTO, DA LA VUELTA INMEDIATAMENTE.

No pierdas el tiempo en la universidad. No pierdas tu dinero, el dinero de tu familia, el del estado – bueno, ellos van a obtener el dinero de vuelta de una forma u otra. Pero lo importante aquí es que no desperdicies tu tiempo ni el de tus padres, ni el de tu familia, ni el de tus amigos, ni el tu profesor ni el de tus compañeros de clase.

Si no puedes tomar la decisión de perseguir tu meta, cualquiera que esta sea, únete al ejército. Ellos te enseñarán rápidamente y tendrás tres comidas calientes y una cama. Servirás a tu país, serás una mejor persona, serás cuidado y respetado. No es una mala opción y es una que personalmente valoro mucho. Si lo que necesitas es disciplina y pasión, ve allí, ellos son los mejores en eso. Y tienen todo mi respeto.

Ahora, habiendo dicho eso ¡Toma una decisión! Ahora mismo. No continúes leyendo. Toma, te voy a dejar dos páginas

en blanco para que no te sientas forzado a avanzar en el libro. Claro que esto me cuesta dinero pero te costará aún más dinero elegir este camino y luego desertar.
Si no vas a leer más, ¡fue un placer!
Para aquellos que siguen en este camino, ¡los veré en las próximas páginas!

¡¡¡FELICIDADES!!!   ¡¡¡LO LOGRASTE!!!

O qué diablos, al menos fuiste lo suficientemente curioso para seguir leyendo. O lo suficientemente curioso respecto a seguir asistiendo a la universidad.

Está bien tener miedo. Como dije, la universidad puede ser una situación peluda. Si eres un estudiante deprimera generación o perteneces a una minoría, puede resultar excepcionalmente difícil.

Pero has decidido continuar leyendo.

Eso quiere decir que algo dentro de ti es lo suficientemente serio para querer saber cómo mantenerte, a falta de una expresión mejor, afeitado al ras durante esta experiencia.

Eso es algo bueno. No puedes empezar a cortarte el pelo y luego cambiar de parecer a la mitad del corte. No se va a ver bien.

De cualquier forma, has elegido continuar. Eso es algo importante.

Más allá de todos los consejos y perspectivas que voy a compartir contigo, lo más importante que tienes es algo llamado "corazón".

No, no hablo de Kwami de Capitán Planeta --- Está bien, quizás no conozcas ese personaje y sólo estoy revelando mi edad sin querer. Bien, TÚ TIENES ACCESO A GOOGLE y a YOUTUBE, BÚSCALO. Fue el primer dibujo animado que recuerdo que hablara de seguridad medioambiental, grandes negocios, trabajo en equipo y el valor de la diversidad de manera local e internacional. Sí que era genial. Escribí la postulación de mi beca basada en la introducción de la serie. ¡COMO SEA! Me aparto del tema.

El corazón es un elemento que te hace seguir adelante cuando los tiempos son difíciles. El corazón es lo que no permitirá que te rindas. El corazón es como una vela que no importa cuántas veces esté a punto de apagarse, no lo va a hacer. Es un testamento a la convicción inquebrantable de completar nuestro objetivo.

Verás, en la Universidad, hay cosas que ocurren para las que no podrás formular ningún plan. Ningún consejo de gestión de tiempo o priorización te dará comodidad.

Así que debes mantener dentro de tu corazón una razón por la cual continuar, no importa lo que pase.
Alguien en tu familia podría fallecer.
Podrías quedarte sin dinero para estudiar.
Podrías estar a punto de abandonar los estudios a causa de licencias médicas.
Podrías pertenecer a una minoría en un ambiente hostil.
Incluso podrías pasar por una situación similar a la mía, historia que relataré más adelante.
No puedes predecir siempre estas cosas y sus impactos en tu persona. En ese punto, tal como ascuas que no se apagan, una persona con corazón seguirá dando la lucha.
Ya sabes, como Thomas la Locomotora... está bien, quizás sólo yo lo conozca.
COMO SEA
La administración del tiempo y la priorización te ayudarán a estar en una mejor posición para manejar estas cosas pero no pueden darte más corazón como tal.
Si eliges esta ruta ahora, serás exitoso/a.

No dudes de eso. Como un viejo maestro de artes marciales, Moy Yat, alguna vez dijo "Si deseas ser bueno, serás bueno, si no, otra sería la historia".

Así que te daré una oportunidad más para alejarte antes de que este libro se ponga peludo.

¡Una página se interpone entre tú y desbloquear una de las claves de tu destino!

Por favor, de verdad siéntete libre para usar las páginas en blanco para pensar cuidadosamente ¡porque una vez que aprendas esto, ya no hay vuelta atrás!

¡Aún sigues aquí! Es hora de ponerse peludo! Quise decir, afeitarnos bien.

Número 1:

Escribe tu "Porque"

Hubo un momento en el que iba a dejar la universidad. Esto pasó en mi último año de universidad. Mi familia tenía muchos problemas. Tenía padres que amenazaban mi vida. Llamadas repetidas, amenazas y preocupaciones a lo largo de toda mi vida universitaria. Tenía problemas de esa índole incluso antes de ingresar a la universidad. Ya había cortado lo lazos en ese punto pero estaba cansado. Demonios, sí que estaba en una situación peluda, ni siquiera estaba seguro de que podría terminar la universidad debido a problemas financieros.

Pero.

Contaba con personas que se preocupaban por mí, quienes decían que no me podía rendir. Que ya había llegado demasiado lejos.

Durante ese momento, encontré mi propio porque.

Me dije a mí mismo: "No puedo parar ahora. Hay personas que cuentan conmigo y si no termino con esto, jamás podré ayudarles"

¿Entonces, es en serio, no? Sí que lo es.

Así que escribe tu "Porque"

¿Por qué asistes a la universidad? ¿Cuál es la pequeña idea que, sin importar qué tan oscuro y desolador se ponga, te hará seguir avanzando?

Para algunos es la familia. Ya sea que ellos tengan una familia en casa de la cual cuidar o que deseen tener una familia en el futuro.

Para algunas personas es la esperanza de poseer cierta cantidad de dinero. Podría ser simplemente tener una casa. Podría ser vivir en un hermoso lugar como Las Bahamas.

Para otras personas, se trata de honor y legado. Yo voy a ser el primero en mi familia en lograrlo o seré el que tenga éxito donde todos los demás han fallado.

Lo que sea, debe ser fuerte.

Sugiero escribirlo y luego enviártelo por correo electrónico a ti mismo bajo el título de "Este es mi Porque"
Si lo necesitas, puedes escribirlo aquí:

_____
_____
_____
_____
_____
_____
_____
_____
_____

_____

¿¡Lo has hecho!? Genial. No debe ser DEMASIADO, DEMASIADO PROFUNDO. No te quieres cortar la garganta cuando te afeitas.

Ahora ya tienes un "Porque". Apégate a esto como si fuese el cinturón de utilidades de Batman y úsalo como recordatorio en todo momento que lo necesites. Úsalo cuando tienes que ser disciplinado respecto a la administración de tu tiempo. Escríbelo en todos los lugares en que lo puedas leer y reflexionar en él.

Ahora vayamos al meollo del asunto.

A las personas que entran en la universidad se les da libertad. Es como darle una cortadora de pelo a un niño de siete años y decirle "oye, córtate el pelo, te quedará genial".

¡Guau! ¿En serio?

Ese niño de siete años hará su mejor esfuerzo pero tiene ningún parámetro bajo el cual trabajar. No saben cuánto medir o cuánto cortar, si usan una tijera. Si usa una cortadora, no sabrá qué cabezal usar. ¡Sólo hará lo que pueda! a menos que seas un niño prodigio, dudo que –físicamente– tengas siete años de edad. Bien, me he topado con muchos niños de siete años en cuerpo adultos. Resulta gracioso, aterrorizante y molesto al mismo tiempo.

Como sea, tenemos que establecer algunos parámetros. A diferencia de la mayoría de las secundarias que tienen una clara conexión con el pasado industrial, la mayoría de las universidades son libres en cuanto a forma.

Traducción: No hay campanas que te ordenan ir a tu siguiente clase en menos de cinco minutos. No hay autorizaciones de pasillo para saber si estás faltando a clases. No hay reuniones de padres y profesores (toda tu información es protegida por FERPA y no se puede compartir a menos que así lo desees)
Además, tu horario de clases estará repartido. Podrías tener una clase los lunes, miércoles y viernes de 9:00 a 11:50 y los martes y jueves de 8:30 a 2:30
Claro que hay tiempo, pero está desperdigado. Súmale que las personas en la universidad son mucho más interesantes de conocer en la universidad (dependiendo la universidad) que en la secundaria. Si vives en el campus, vivirás con personas inteligentes, atléticas y, en algunos casos, guapísimas. Siempre hay algo más interesante que hacer que tus deberes: desde ver Netflix, jugar en línea, tener citas, ir a fiestas, trabajar, estudiar hasta simplemente hacer el tonto.
Es divertido, créeme. ¡Ojalá hubiese participado más!

NO OBSTANTE

Volviendo al ejemplo del niño y la cortadora o las tijeras... si no tienes una visión clara de qué parámetros son importantes, vas a terminar viéndote bastante estúpido.

Estas son las cosas que la mayoría de las personas tiende a olvidar

Pregúntate a ti mismo ¿cuáles son las cosas que te importan ¿qué deseas hacer?

Es horrible tener que escuchar a alguien decirte que eres un genio y que sólo necesitas hacer la tarea a tiempo.

No te preocupes. Yo te ayudaré a mantenerte bien afeitado si sigues este consejo de los atolondrados que simplemente hicieron lo que pudieron.

Es duro vivir a base de bebidas energéticas, correr de una clase para llegar a otra y nunca sentirse bien organizado.

Es duro sentir que no puedes postular a ninguna escuela de posgrado porque tu promedio no fue a la par, no porque tú no estuvieses a la par, porque, en realidad, el trabajo era fácil para ti pero no fuiste lo suficientemente disciplinado en tu priorización para terminar tus obligaciones a tiempo. Ahora tienes trabajos donde eres más inteligente que tus colegas, te pagan menos y eres dirigido por un incompetente.

Por una vez, puedes hacer lo que sea, incluso decir palabrotas. Eso es, dilo. Dilo con fuerza. ¿Se siente bien, cierto? Sólo no lo digas frente a tu familia. Sólo porque puedes no significa que debes.

Suena simple, pero ¿y en la aplicación? ¡Demonios, no!

Uno de los mayores problemas que he visto al trabajar con estudiantes, y me refiero a todos los estudiantes entre 13 y 18 años de edad hasta los estudiantes no tradicionales que bien podrían ser mis abuelos; si no tienen lagestión de su tiempo, no tienen dirección.

Sección 2:

Principios Básicos de la Administración del tiempo 101

Priorizar para tener éxito

La priorización es saber qué es lo que debe

ocurrir primero, ante todo lo demás.

Es crítico que hayamos organizado nuestra agenda basada en nuestras prioridades antes de que el semestre empiece o incluso a mitad del mismo.

Hay un dicho que reza "Las compañías ponen dinero en las cosas que son realmente valiosas y no en las que dicen que lo son".

De la misma forma, debemos poner tiempo (porque ya sabes que el tiempo es dinero) en nuestra agenda para aquellas cosas que son más importantes que todo lo demás. Es más fácil hacer esto al comienzo del semestre porque hay múltiples desafíos que pueden afectar tu juicio sobre la prioridad principal. No obstante, la idea de los pasos que continúan es que tengas una visión semanal de cuáles son tus responsabilidades. Te permite poner las cosas más importantes en tu radar y no detraerte de ellas. Entre más conozcas tus responsabilidades, mejor podrás trabajar en tus responsabilidades. Si no haces esto, es fácil de pasar por alto y eso, amigo mío,

¡podría ser una situación muy peluda!
Me referiré a este orden más adelante, no obstante, antes de eso, debemos estar preparados para tomar acción.

Recursos necesarios:
Una tabla que exponga cada hora del día por una semana completa.
Lápiz y papel
Algo con que escanear este documento o un teléfono para tomarle una fotografía.
Una copia de tu plan de estudio (o el plan de estudio tentativo)

Medidas de acción

1. Anotarás a pulso la hora de tus responsabilidades en la tabla.
2. Revisarás la tabla y te asegurarás de que elementos tales como hora de las clases, horas de estudio, hora de las tareas, hora de investigación, hora de dormir, comer, aseo, organización y recreación estén correctamente estipuladas.
3. Asegúrate de incorporar tiempo extra entre actividades e incluir tiempos de viaje ya que es común que se te solicite que te quedes después de clases u olvidar el tiempo que toma llegar a un lugar.

Una Mirada a la Semana a la Vista

Si no tienes acceso a un calendario, StudentHandouts.com cuenta con excelentes tablas que puedes usar. Más abajo hay un link que lleva a mi recomendación personal.

http://www.studenthandouts.com/01-Web-Pages/Lot-01/Weekly-Hourly-Planner.html

Consejo Súper-Mega-Increíble: los profesores o instructores entregan un plan de estudio. Señala las obligaciones, fechas de entrega, expectativas, el porcentaje de la nota final de la clase que tienen distintos encargos, así como los textos y materiales que necesitas comprar o descargar. A veces resultan muy detallados y otras muy vagos donde no contienen toda la información necesaria, de cualquier forma, son muy útiles. Envíale con tiempo un correo a tu profesor, antes de que comience el semestre. Avísale que estás preparando tu agenda para el semestre, que estás trabajando antes de tiempo para así tener éxito y que un documento que señale las fechas sería extremadamente útil. Esto te dará la información vital acerca de las fechas antes de tiempo, lo cual es necesario para que puedas priorizar y te da la oportunidad de empezar con un gran impulso antes de empezar las clases, lo cual puede resultar invaluable más adelante. Por último, establecerás un vínculo con el profesor y les mostrarás que valoras tu trabajo y sus clases tanto como para trabajar antes de que inicie el semestre. Un triunfo triple.

Si tomas un curso introductorio de psicología o negocios (yo tomé ambos y fue una buena experiencia) en algún punto te toparás con la Jerarquía de Necesidades de Maslow. Es algo genial. Este triángulo básicamente establece que para que un ser humano alcance su máximo potencial hay varios niveles que debe atender. El nivel uno es tu físico, el nivel dos es la seguridad, en el número tres está la autoestima y en el cuarto, la autoactualización. Habría sido curioso observar cómo Maslow aplicaría este marco al estudiante universitario del día a día, pero ya que él no está aquí, ¡nosotros lo haremos!

Prioridad 1: Satisfacer tus necesidades físicas las cuales incluyen:

Dormir
Comer
Ejercicio físico

Dormir y descansar

Ya sé. Suena muy loco que dormir fuera la prioridad *number one* en esto. Pero te sorprenderías si vieses cuántas personas quienes esperaron hasta el último momento, o que subestimaron el tiempo que tomaría un proyecto, se han quedado trabajando hasta tarde en algún proyecto. Esto pasa a menudo varias veces seguidas, especialmente antes de los exámenes o a comienzo del segundo semestre. ¿Sabes lo que pasa a continuación? Ya que no han dormido bien y están emocionalmente vulnerables, su constitución física se empieza a debilitar. Y se enferman.

No sólo se enferman, sino que se acostumbran a no dormir. Investigaciones en curso muestran que la falta de sueño reduce las habilidades cognitivas de uno a las de una persona en estado de ebriedad. Quizás nunca has estado en ese estado.

¿Que si yo he estado en ese estado? Ni negaré ni confirmaré por ahora, gracias.

Pero en base a lo que me han contado, uno trata de decir cosas que normalmente sonarían inteligentes pero terminan sonando desequilibradas y difíciles de comprender. Imagina esa situación en tu entrega, proyecto o examen final. No es algo muy genial.

Así que debes dormir. Hay demasiadas cosas que pasan cuando duermes. Es el tiempo que nuestro cuerpo usa para eliminar de nuestro sistema las toxinas que flotan por nuestro cuerpo Y ADEMÁS nuestro cerebro. Es el momento en el que recalibramos y almacenamos información a largo plazo. Además, nuestros cuerpos trabajan en base a un ritmo. Entre más lo alejes de su ritmo apropiado de descanso, peor te sentirás. Todo tu duro trabajo estudiando será desperdiciado porque no podrás recordar nada. Así es, la falta de un sueño apropiado afecta la memoria. Hablo en serio, chicos, yo lo viví. No es divertido y pasado un punto, se convierte en un frustrante bucle de beber bebidas energéticas y nunca tener una noche de descanso apropiado.

Así que, si alguna vez tus padres te dijeron que te fueras a la cama para así tener una hora de dormir... bien... ¡te estaban haciendo un favor! Aquellos estudiantes que no lo consideraron una carga sino un buen hábito, casi siempre eran los más compuestos, física, mental y emocionalmente, además de ser los que obtenían las mejores notas. He trabajado con personas que tenían un trabajo a tiempo completo y familia así como otros que simplemente fueron bien estructurados. También he conocido personas que hicieron bien en prestar atención a sus hábitos de sueño como estudiantes y empleados de la universidad. Conozco a alguien que terminó cayendo al hospital porque no descansó apropiadamente. Sí, lo sé, en los medios se sabe de personas que mueren en el trabajo debido a pasar demasiadas noches en vela. Si quieres hacer las cosas bien, haz de un descanso apropiado tu más alta prioridad. Todo lo más se desvanece si pierdes tu salud física.

Alimentación

Otra vez, lo sé, lo sé. Quizás te traigo recuerdos de tu hogar. Toma desayuno, cepíllate los dientes, vístete bien, haz tu tarea y come tus vegetales.

Así es, te digo que tu mamá tenía razón. Necesitas agregar horarios de alimentación a tu agenda. Si comes es un restaurant, no tendrás que lavar los platos. Si no vives en el campus o no tienes un plan de comidas a tu puerta, deberás incluir tiempo para cocinar y para viajes ocasionales al mercado. Y los platos. Debes lavarlos o tus compañeros se van a molestar. O quizás tengas unos nuevos compañeros, unos llamados ratones.

Así que cerciórate de incluir esto en tu Semana a la Vista. Es fácil olvidar esto y también olvidar trabajar en tu proyecto, irse a dormir temprano o sociabilizar con tus amigos. Si ingieres alimentos poco saludables, tus niveles de energía también decrecerán. Tener menos energía significa estar menos tiempo despierto, menos tiempo sociabilizando y menos tiempo de estudio de calidad. Como ves, es algo muy serio.

Ejercicio Físico

Me cuestioné, brevemente, si es que incluiría esta sección o no. Mi experiencia con la mayoría de los norteamericanos, particularmente en las instituciones con mucha carga laboral, es que el ejercicio físico no se toma seriamente. Bien, permíteme darte algo en qué pensar acerca de por qué es importante incluirlo en tu Semana a la Vista, incluso si son sólo 30 minutos al día.

1. Aumenta tus niveles generales de energía y resistencia. Esto te permite concentrarte más y ser activo por más tiempo que otras personas. Es bueno para sociabilizar, mantenerte despierto en las clases, trabajar y estudiar más.

2. Te hace más fuerte y mejor combatiendo enfermedades que otras personas podrían contagiarte.

3. Te hace más sexy. Al final, sin importar el tipo de cuerpo que posea, una persona que se mantiene en forma tendrá niveles más altos de confianza. Esta confianza te

permitirá dar más presentaciones, sentirte cómodo hablándole a la clase y hablarle a quien te parezca sexy y también a quien siempre ves pasar por el pasillo. Y déjame decirte que las personas que asisten a la universidad son muy atractivas. Disfruta la experiencia y disfruta de su compañía.

Fórmula de Atención Centrada

Debes haber notado que escribo MUCHO del área del cuidado físico. ¿Por qué?

Tu cuerpo es como un auto. Tienes que mantener tu auto en las mejores condiciones, ponerle gasolina, si no tiene, no va a funcionar. Si le pones el combustible equivocado, como petróleo, se va a estropear.

De la misma forma que un auto bien cuidado avanzará como un SS Chevy (sí, esta es otra referencia que probablemente tampoco entiendas... no soy DEMASIADO viejo... al momento de escribir esto) porque ha sido bien cuidado y alimentado con el combustible correcto, lo mismo hacen nuestras acciones). Si nuestros cuerpos no están en condiciones apropiadas, no podremos actuar apropiadamente. Te daré un ejemplo matemático – no te preocupes, lo vas a entender.

Estas son nuestras variables:

P= Porcentaje de concentración

H= Horas de estudio/trabajo – el tiempo real que estás invirtiendo, no el valor relativo de tu resultado

C= Cumplimiento en términos de valor relativo del valor horario – este es un valor que estableces como base. Así, sé que puedo leer 50 páginas si estoy bien descansado y concentrado.

Ecuación:

$P * H = C$

Si estoy cansado, sólo me puedo concentrar el 50% (.50) en la lectura por tres horas, ¿cuánto trabajo puedo completar en realidad?

Así que

P= .50

H= 3

C =?

Volviendo a las clases de matemática, la ecuación debería verse así

$.50 * 3 = 1.5$

Esto no me agrada. Y tampoco debería agradarte a ti.

Ya que tu concentración estaba al 50% y estabas cansado, a pesar de pasar tres horas tratando de leer, sólo alcanzaste el equivalente a una hora y media. Obtuviste la mitad de lo que invertiste. Es como pagar una XBOX One y obtener un PlayStation 2, como pagar un Dodge Viper y recibir un Intrepid usado, simplemente, no compensa.

Quizás ese no fue el mejor ejemplo.

Digamos que sabes que tienes una tarea que te tomará cuatro horas completar. Tienes el tiempo para hacerlo pero te quedaste despierto hasta tarde la noche anterior así que estás algo cansado. Digamos que tu atención está al 75% de lo que sería normalmente. La ecuación se vería así:

$4 = H*.75$

Si resolvemos la H, dividimos cada lado por .75 y obtendremos un 5.3333 decimal repetitivo. Así que un proyecto que sólo debería haber tomado cuatro horas ahora toma casi una hora y media extra.

Hagámoslo aún más realista hacia el peor escenario posible. Digamos que estás extremadamente cansado, viviendo con una pizza fría, tu osito de peluche sobre el escritorio y varias bebidas energéticas.

Tu nivel de concentración es del 35% en el mejor de los casos (probablemente fluctúa a lo largo del día. Son las 8:00 PM porque no has seguido la guía de tu Semana a la Vista) pero sabes que en cuatro horas, si te presionas un poco, podrás descansar bien.

La ecuación se empieza a ver así:

$4 = H * .35$ (Esto no se verá muy bonito. Créeme, lo sé por experiencia propia).

Acabo de hacer el cálculo y ¡ay!

Ese proyecto de cuatro horas ahora va a tomarte 11.42 horas para terminarlo, basado en tu tasa normal de cumplimiento.

Releélo y dilo junto a mí... ¡11.42 horas! ¡Once punto cuarenta y dos horas! Santos frijoles. Esa sí es una situación peluda. ¿Quién quiere quedarse despierto hasta las 6:42 de la mañana? ¡¡Y eso si no te distraes ni vas al baño!!

Ahora, imagínate si la fecha de entrega es

el día siguiente. Mejor aún, imagina que aún tienes otro proyecto que terminar.

Ese es el problema y la mayoría de las personas no le presta atención. No se trata de, como hablábamos hace poco, planificar las horas de tus clases/horas de estudio en casa, se trata de conocerte a ti mismo y mantener tu salud.

En el ejemplo anterior, pasarán 1-2 cosas. O la persona se queda despierta hasta tarde para terminar el proyecto, y la calidad será regular en comparación a lo que pudo haber sido o la persona va a saltarse muchos elementos y hacer lo que pueda sólo para entregarlo a tiempo.

Me ha pasado. No es algo divertido. Puedes intentarlo, desde luego. La sabiduría no es nada más que experiencia reflejada sobre las herramientas adecuadas. Pero no creo que te guste tanto como dormir en tu propia cama.

Recuerda esta ecuación cuando estés tomando decisiones sin tu Semana a la Vista. Hacer algunos cálculos de lo que pueda pasar. Puedes elegir tomar un camino distinto. Hazlo. Sé que yo lo hubiese hecho.

Prioridad 2: Establecer y mantener Seguridad
- Tiempo de Clase
- Tiempo de Tarea
- Tiempo de Trabajo y Estudio

Tiempo de Clase

Podría parecer extraño pensar en la seguridad como una preocupación en la universidad o instituto, pero luego de darle un par de vueltas, empieza a parecer razonable. Es como pensar en hospedaje. Si no pagas tu hospedaje, serás desalojado. Si no sabes qué significa ser desalojado, es que te echen a patadas de tu casa y potencialmente quedar sin un lugar donde ir. Qué miedo.

Lo mismo pasa con tus clases. Si no te has dedicado, incuestionablemente te van a reprobar. Muchas clases establecen que serás reprobado si no asistes a cierto número de clases, tres por ejemplo, o si no te presentas el primer día de clases. En ambos caso podrías reprobar por inasistencias.

Eso, si no eres un sabio nato o si tu familia

– o tú – puedes comprar tu aprobación. De otro modo, ya sean clases online o presenciales, asegúrate de que tu agenda defina claramente los tiempos para las clases, con algo de tiempo extra en caso de que tu clase de alargue o si tienes que reunirte con grupos de estudio o trabajo.

Tiempo de Tarea

La mayoría de las clases se aseguran de asistir a clases la mayoría del tiempo pero dejan el tiempo de estudio dentro de una nebulosa. ¡NO DEJES QUE ESO TE PASE A TI! Recuerda tu PORQUE de estar aquí. Si tomas tus estudios como un juego, podrías pasar las asignaturas pero ¿qué habrías aprendido todo lo que podrías? ¿Serás capaz de aplicar esta información en tu vida? ¿Serás capaz de ver qué sentido profundo tiene este trabajo para tu vida? Y por supuesto, ¿serás capaz de obtener una calificación A (o el equivalente en tu país) sin estudiar muchísimo?

Tiempo de Trabajo y Estudio

Uso frecuentemente este término. Si te parece ajeno, Trabajo y Estudio fue creado por el gobierno y permite a los estudiantes que cumplen con ciertos requisitos financieros postular a trabajos llamados "Trabajo y Estudio" dentro del campus. Claro que no significa que debes estudiar mientras haces algún trabajo, a menos que consigas un trabajo cómodo, como dentro de la biblioteca, durante horas en que no quede nada por hacer. Si ese es tu caso, increíble.

Como dije, me refiero a Trabajo y estudio como un término general para cualquier trabajo fuera de las clases que debas hacer, especialmente si se relaciona con tu estabilidad financiera. Esto incluye Trabajo y Estudio, un trabajo *part-time*, un trabajo de tiempo completo u obligaciones de becas escolares. Una beca escolar que usé en mi universidad fue el programa Bonner Scholars. Aquellos estudiantes realizan internados intensivos de 140 horas en organizaciones sin fines de lucro, asisten a reuniones grupales de capacitación durante las tardes y realizan trabajo de oficina. En su caso, aunque no reciben un pago monetario directo, el no planificar sus horarios para realizar sus horas de internado podría hacer que los remuevan del programa y sin programa, no hay dinero. De la misma forma, planifica lo que puedas mantener. Marca como inamovibles las horas en las que tengas obligaciones laborales en tu agenda de Semana a la Vista. Si esas horas no están confirmadas, anótalas como tentativas hasta que las confirmes. Esto te otorga un punto de partida al informar qué horas te gustaría trabajar. Prepararse para esto te permite elegir las mejores horas para ti.